LES PRINCIPES

DU

PETIT MANTEAU BLEU

OU

LA VOIX DE LA NATURE

CONTRE

LES FOLIES HUMAINES,

Par J.-F. LORAUX.

Par le choc incessant des vices sociaux,
Les hommes ne sont plus qu'ennemis ou rivaux.

———◆———

PARIS,

Chez **TERRY**, PALAIS-ROYAL, Galerie de Valois, 185.
Et chez les Marchands de Nouveautés.

——

1848.

Imp. de GUILLOIS et Cie, faub St-Antoine, 123.

PRÉFACE.

Je ne sais pas comment l'homme peut encore articuler aujourd'hui le mot de *bonheur*. Car depuis déjà tant de siècles, qu'il s'épuise le corps et l'âme afin de pouvoir le saisir, on peut bien croire que le mot *bonheur* ressemble assez à ces mots fabuleux de démons, revenants et de croquemitaines; ou bien, si l'homme compte et met au rang de bonheur tous les tourments et tribulations sans fin qu'il endure et qu'il se crée; il peut bien, dans ce cas, se féliciter de goûter en ce monde toutes les jouissances de la vie, car je ne crois pas qu'il soit un seul jour exempt de ces bienfaits; et, à cet égard, je ne sais pas non plus pourquoi il se casse la tête et met tant de persévérance à rechercher ce dont il est en possession perpétuellement.

Boileau a dit que l'homme était le plus sot des animaux. Rousseau a dit après qu'il était le plus méchant et le plus cruel. Mais on peut bien ajouter maintenant à ses qualités primitives, que l'homme est devenu depuis destructeur de son espèce et antropophage, car il en est venu à un tel point d'abjection de son être, qu'il ne peut plus voir son ombre en perspective, ni respirer le doux zéphir embaumé des fleurs du printemps, et, semblable à l'animal immonde, ce n'est plus que l'air empesté par la corruption qui plaît à son odorat.

Mais que peut présager sur l'avenir de l'humanité, l'homme pensif et méditateur, pour la contempler et la voir se débattre éternellement contre la rage, les convulsions et les angoisses de la mort, causées par les excès et la fureur de tous ces débordements.

Mais l'auteur de la nature peut bien avoir un extrême regret de nous avoir créés à son image, car il est en droit de s'écrier et dire : Hélas! qu'ai-je fait en créant la nature? J'ai privé toutes les espèces vivantes de la raison pour en faire don à l'homme, afin qu'elle puisse lui procurer les inépuisables délices de la vie, durant son court passage sur la terre, et afin aussi qu'il puisse m'honorer, reconnaître ma puissance et ne jamais oublier qu'il me doit tout, et je vois que la raison et l'intelligence, dont je lui ai fait l'entier abandon, ne lui viennent en aide que pour m'offenser et se créer tous les fléaux. Ah! oui! enfants dénaturés, j'ai réellement honte de mon ouvrage et en ai de plus un profond repentir, car au lieu de remplir la sainte et digne mission pour laquelle je vous ai créés, vous la souillez de crimes! et quel usage faites-vous aussi de la corne d'abondance que je vous envoie périodiquement? Mais vous la foulez également à vos pieds, et, après, vous me blasphêmez, ou jetez un regard plaintif rempli de larmes vers mon céleste séjour, et cela pour implorer mon assistance! Comment! vous détruisez de mille manières la subsistance que je vous envoie, et vous osez me demander des secours! Mais, abominables enfants prodigues et dévastateurs que vous êtes, que me demandez-vous, quand vous n'avez pour toute mission qu'à me remercier et m'honorer en reconnaissance de tout ce que j'ai fait pour vous?

Comment! j'ai tout mis à votre disposition, plantes et animaux, et votre insatiable convoitise n'en est pas satisfaite! Mais occupez-vous donc à recueillir mes fruits, et non de vous jouer ainsi de mes décrets. Comment! au lieu de recueillir et de vous partager en frères tout ce que je fais croître pour satisfaire vos besoins en toute chose, vous ne vous occupez qu'à les saccager, les détruire, ou vous les disputer comme les animaux! Ah! quelle abomination! Mais vous voyez pourtant bien que les animaux, à qui je n'ai donné que le simple instinct pour guide, vous donnent des leçons d'ordre et de prévoyance, et vous ne les imitez pas! Comment! je vous ai placés à leur tête, et par vos abominables excès, vous vous dégradez à un tel point, que vous êtes maintenant les plus odieux à mes yeux! Ah! cessez de me profaner plus longtemps par vos hypocrites louanges ainsi que par vos perfides cérémonies, car je suis contraint de détourner ma vue de vers vous pour ne plus voir votre dégradant tableau. Comment! vous faussez sciemment toutes mes maximes, détruisez toutes mes richesses, et, dans votre fureur, vous criez au scandale contre moi! Mais est-ce ma faute à moi, si de votre séjour terrestre vous n'en faites qu'un temple de douleur? est-ce ma faute à moi, si vous convertissez toutes les vertus dont j'ai doué votre âme en perversités cruelles! Mais tous ces poteaux infamants, ces gibets, ces cachots, ainsi que tous ces supplices, qui vous enchaînent, vous martyrisent et vous anéantissent, ne sont que le fruit de vos œuvres et non mon ouvrage, et vous osez en appeler à moi sur toutes ces iniquités qui vous accablent et vous déciment. Mais, malheureux enfants perdus, suivez donc ma loi divine de point en point, et vous n'aurez jamais à vous plaindre ni à me maudire. Comment! de mon jardin des olives vous n'en faites qu'un lieu de sépulture que vous arrosez éternellement de larmes, et en place de l'olivier que je ne vois plus nulle part, je vois partout des saules pleureurs, des cyprès et des tombeaux ! et partout des tombeaux !! Le symbole de la vie est maintenant transformé en symbole de la mort! ah! enfants damnés ! non vous n'êtes plus dignes de vivre sous ma lumière pour convertir ainsi tous mes bienfaits en calamités cruelles. Comment! je vous ai créés libres de tous vos mouvements, afin que vous puissiez vous rendre heureux par l'abondance de mes dons, et vous ne vous occupez qu'à forger des fers et de vous en charger! Ah! que de monstruosités existent dans vos cœurs pour commettre tant de perfidies sous mes yeux et à la clarté de mon céleste flambeau ! non vous n'êtes plus que des abominables destructeurs de toutes mes lois créatrices, car vos iniques perversités les bouleversent de fond en comble ; et que vous en revient-il par votre rage de tout morfondre, mais il vous en revient des larmes, du sang et la famine, et partout et toujours la famine!!

Voilà sans contredit la leçon bien méritée que le Créateur a le droit de nous adresser, car nous sommes tellement déchus de notre nature primitive qu'il ne nous en reste plus que la forme; toutes les qualités du cœur et de l'âme se sont évaporées au souffle de la corruption, et sont remplacées par la

gangrène de tous les vices. Ainsi, réformateurs, philosophes, législateurs et juriconsultes, vous, dont la
mission est d'enseigner à votre espèce l'art de la
conservation par les lois morales et divines, et de
la guider dans le sentier de la vertu, vous aurez
beau gesticuler, approfondir et méditer sur toutes
les calamités qui abrégent ses jours, jamais vous
ne parviendrez à extirper le cancer qui la dévore
que par l'application du salutaire régime de la communauté, et, semblable au torrent qui déborde de
toutes parts, le torrent de la corruption vous englou-
tira, tant que vous ne lui opposerez cette digue
conservatrice. Non, tant que vous ne reviendrez
au point de de départ, et que vous ne reprendrez le
Code de la nature pour guide régénérateur, et
que vous vous épuiserez en méditations pour chercher la quintessence de la vie humaine dans le
chaos, vous serez bien certains de toujours vous
heurter contre des cadavres et des squelettes; car
réellement c'est vouloir aussi prêcher dans le dé-
sert, que de vouloir guérir un corps ulcéré de toutes
parts, sans lui appliquer le seul régime qui lui
convienne.

Comment! vous cherchez avec opiniâtreté la voie
salutaire dans les ténèbres! Mais armez-vous donc
du céleste flambeau, et il vous guidera aussitôt aux

sources de la vie, et là vous la trouverez, car ce n'est pas de veiller, brâiller, plaider, quereller, martyriser, piller, saccager, supplicier, incendier, ni s'assassiner, que l'on pourra jamais améliorer son sort, ni trouver le terme de ses maux, mais bien de cultiver, semer et récolter en famille; ce n'est pas non plus en convertissant la plus belle et la meilleure partie du paradis terrestre, en objets inutiles, tels que palais, avenues, parcs, galeries, bosquets, pièces d'eau, jardins de plaisances, champs de manœuvre et de destruction, que l'on peut non plus y récolter les denrées nécessaires à la vie.

Car ce sont des fléaux que ces lieux de plaisance
Créés pour les loisirs de l'heureuse indolence,
Ainsi que les remparts, les redoutes, les forts,
Les palais enchanteurs et leurs brillants décors,
Y compris les champs clos, toutes les places d'armes,
Ne produisent jamais que des maux et des larmes.
Car c'est au détriment du pénible labeur
Que l'on étale ainsi le faste et la terreur.
Mais à quoi peut servir au pauvre des provinces
Le palais des Beaux-Arts, la demeure des princes,
S'il ne peut contempler, et n'a, pour agrément,
Que ses membres meurtris et son délabrement?
Je ne hais nullement la beauté des sciences,
J'en admire le prix selon mes connaissances.
Mais je veux pour chacun, avant des ornements,
Un asile bien sain et de bons aliments.
Comment ! on entretient et chauffe des murailles,
Puis on abrite bien la foudre des batailles,

Et le peuple, partout, sous le chaume glacé,
Y succombe de froid, de faim et harassé !
Non, ce n'est point ainsi que doit vivre le monde,
Quand du luxe ressort la misère profonde.
On ne peut que gémir sur ces iniquités
Qui causent tant de maux et de calamités.
Mais peut-on se jouer ainsi de l'indigence,
En lui léguant pour bien l'éternelle souffrance,
Et bâtir, à ses frais, des monuments sans fin,
Tandis qu'elle périt en haillons et de faim !...

Comment! nous avons des majestueux hôtels remplis de toutes sortes de meubles de grand prix qui ne sont utiles à rien, puisqu'ils ne servent jamais, et achetés avec les deniers de celui qui a l'honneur de dormir à la belle étoile, faute de gîte! Mais chez quelle peuplade sauvage ou chez quelle horde d'insensés faudrait-il aller pour trouver une anomalie pareille! Mais tout ce qui n'est pas utile et d'un usage quotidien, devrait-il jamais exister chez un peuple civilisé? Non; car ce ne sont pas des garde-meubles, des arsenaux, ni des arcs de triomphe, qui peuvent alimenter le peuple, ni le préserver d'une affreuse disette, mais bien des greniers d'abondance et avant de vouloir léguer à la postérité, par des monceaux de pierres entassées les unes sur les autres la splendeur des arts d'un peuple civilisé, on doit, ce me semble, s'occuper avant de cicatriser toutes les plaies saignantes de son corps, car il serait beaucoup plus méritoire pour nous de transmettre à nos petits neveux le bonheur que notre espèce aurait pu goûter de notre temps, que la merveille des arts. Mais, cela ne suffit pas de léguer à l'histoire le beau de la médaille et de lui cacher le revers, car elle ne sera toujours que mensongère, et, pour lui transmettre toute la grandeur de notre prospérité, nous devons aussi bâtir des monuments avec les ossemens des victimes de la splendeur de notre beau siècle, et cela pour servir de pendant à tout ce que nous léguons à la postérité.

Les matériaux, je crois, ne nous manqueront pas, et si, de plus, il nous plaît d'y buriner les noms de tous les cadavres que l'on relève journellement sur les dalles glacées de la Morgue, dans les cachots, les bagnes, sur les places aux supplices, ainsi que sous les quarante mille clochers de la métropole, qui y succombent aussi d'inanition, ces monuments-là ressembleront bien à la tour de Babel car il ne se termineront jamais. Mais qu'est-ce autre que notre société, si ce n'est une vraie tour de Babel? N'est-elle pas enfin le labyrinthe le plus incompréhensible qu'il soit possible d'imaginer? La confusion n'est-elle pas partout, dans tout et sur tout? ne sommes-nous pas entièrement hors la voie de la nature et du bon sens, et semblables aux animaux

errants? Est-ce que nous ne parcourons pas la boule
en tous sens, sans savoir où nous allons, ce que
nous voulons, ni ce que nous faisons. Mais il est
bien certain que nous ne sommes satisfaits et au
comble de nos vœux que quand nous avons trouvé
l'heureux précipice, tant cherché et tant désiré, et
qui nous engloutit au gré de nos désirs! Mais que
faut-il faire, pour nous soustraire à cette fin anti-
cipée qui nous harcèle sans relâche en nous faisant
cheminer en aveugle et à pas de géans vers la som-
bre éternité, bien avant l'heure de la retraite? Mais
il nous faut réunir nos forces et nos capacités, car
chacun sait que ce n'est que l'unité qui crée et peut
créer les douceurs de la vie; et pourquoi? c'est qu'elle
fait la force. Les éléments même ne sont forts et re-
doutables que par leur unité, car un ruisseau n'est
rien, ni deux non plus, puisque nous pouvons les
vaincre et les tarir à leur source, mais des milliers
de filets d'eau, tombant les uns dans les autres finis-
sent par faire un fleuve indomptable; un fil n'est
rien, puisque le plus faible oiseau le rompt par un
mouvement. Mais ce fil réuni à des millions de
fils finit par tenir un navire en respect et lui fait
braver la tempête; et qu'est-ce aussi que le bâti-
ment, si ce n'est la réunion des milliers de morceaux
de bois en un seul et qui lui fait ainsi franchir les

flots? L'homme isolé n'est donc, comme on le voit, qu'un faible roseau que le moindre souffle de vent abat sans retour. Mais est-il besoin à ce sujet de pousser plus loin les démonstrations, quand nous savons tous que nous ne pouvons rien créer sans l'union, pas même la plus simple bicoque, et d'autant plus aussi que nul être ne travaille pour soi, chacun travaille pour le tout.

Ainsi donc, puisqu'il faut la réunion ou la communauté des hommes, pour enfanter les merveilles et créer tout ce qui est indispensable à leurs besoins, il est de tout droit et de toute équité, qu'ils doivent user et consommer en commun tout ce qu'ils créent et font produire en commun ; outre que c'est la loi de la nature, c'est aussi la loi de la juste raison, de la conscience, de la philantropie et de l'égalité.

Mais à cet égard, ce n'est pas la volonté qui manque : car, quoi qu'en disent les détracteurs de l'ordre de la nature, je suis bien certain qu'il y a au moins les trois quarts du monde qui voudraient qu'il en fût ainsi, et ce n'est seulement que par ce mot de : *Cela ne se peut pas*, que l'on répète partout, que chacun croit ce système impossible à introniser, et par l'ombrage des difficultés que l'on croit voir contre la réalisation de ce sublime régime, seul sauveur du sort de l'humanité ; chacun, par cela, sans chercher à les vaincre, souffre, vit et meurt sous le poids de tous les maux de ce monde, sans se donner la peine d'en rechercherles causes, afin de les réformer.

Mais, je vais démontrer dans ce petit Ouvrage, et en forme de Dialogue, afin de mieux réfuter toutes les objections des opposants, et toutes les difficultés que l'on présente comme des obstacles insurmontables à ce nouvel ordre de choses, ainsi que le mauvais vouloir de ces êtres, qui sont nos frères en ressemblance, mais qui ne le sont pas par les sentiments, puisqu'ils ne sentent pas leur cœur battre aux cris de douleurs de leurs semblables, je vais démontrer, dis-je, et sans pouvoir être réfuté par la saine raison et les lois du bon sens, que le système de la communauté est plus que possible, car il est réalisable, attendu que ce n'est que la loi du créateur qu'il s'agit de mettre en pratique, et attendu aussi qu'il faut bien moins de travail pour créer le bien, que le mal ; car la nature nous comble de ses biens, tandis que nous dormons, et au lieu de nous occuper à les recueillir à notre réveil, c'est là seulement que commence notre tâche de destruction.

DIALOGUE

LUCIEN ET PAUL.

LUCIEN.

Mais, dis-moi donc, Paul, qu'est-ce que Victor vient tous les jours me rabâcher avec ses Communistes et sa communauté? N'est-ce pas encore une autre secte semblable à celle de Saint-Simon et Fourrier, enfin quelques utopistes qui veulent aussi à leur tour nous prêcher l'absurde et le désordre social.

PAUL.

Ne blâme jamais la mémoire des hommes généreux, qui, chacun dans leur temps, ont reconnu l'aberration de la constitution humaine, et qui, par des maximes louables et philantropiques, ont cherché à la sauver du précipice dans lequel elle succombe journellement, afin de la réorganiser sur le pied de sa nature primitive, car je te dirai franchement, Lucien, que nous ne sommes plus à comparer aux animaux, même les plus féroces, nous sommes retombés bien au dessous d'eux, car tandis qu'ils se vénèrent, se protégent et font tout leur possible par leur instinct pour se conserver ; nous, nous rampons les uns devant les autres, nous nous saccageons et exterminons sans la moindre pitié; donc Saint-Simon et Fourrier ont pensé qu'il pouvait en être autrement, et qu'au lieu d'être les bourreaux de nous-mêmes, nous pouvions, en changeant nos supplices en bienfaits, nous rendre la vie agréable et heureuse.

LUCIEN.

Alors explique-moi le mieux possible, ce qu'ont écrit sur ce sujet ces deux réformateurs, que je ne connais que de nom, car je n'ai pas lu leurs écrits, et je ne comprends pas plus ce que veulent les Communistes.

PAUL.

La chose est pourtant bien facile à comprendre ; il y a beaucoup d'analogie entre les sectes pour arriver aux mêmes résultats. Mais la communauté va droit au but de la perfectibilité humaine, et ne met aucune entrave pour arriver au bonheur que chaque être a le droit de goûter sur la terre, tandis que Saint-Simon et Fourrier mettent beaucoup de restrictions à l'affranchissement complet de notre espèce et laissent encore subsister des catégories de privilèges parmi les hommes, qui sont toujours le poison qui les détruit. Prévoyaient-ils

de grandes difficultés, ou se réservaient-ils de perfectionner, plus tard, chacun leur système, c'est
ce qu'on ne sait pas. Mais la communauté, elle, ne
met nulle restriction au bonheur prochain de l'humanité, car, dit-elle, pourquoi jouir d'un demi
bonheur quand on peut le posséder en entier ?
Et que veut-elle, après tout, la communauté ? elle
ne veut mettre que la théorie en pratique, car la
France telle qu'elle est, et d'après ses lois, ne forme
réellement qu'une seule commune, mais divisée en
40,000 succursales, et je ne puis, moi, comprendre
les attaques de nerfs et les crispations qu'éprouvent
ses détracteurs au seul mot de communauté. N'est-
ce pas en effet un non sens incompréhensible pour
celui qui voit combattre les principes qui planent
à la surface, depuis les premiers siècles, car enfin
le système communautaire remonte à la civilisation
primitive de la société humaine, et ne frappe-t-il
pas constamment la vue des plus miopes ? car,
les temples, les maisons communes, les palais na-
tionaux, les théâtres, les couvents, les hospices, les
casernes, les prisons et jusqu'aux fontaines publi-
ques, tous ces monuments et édifices communau-
taires, ne sont-ils pas les jalons plantés du système
qui doit tôt ou tard guider le monde entier dans la
voie de son salut; bien plus, outre notre constitution
civile, la religion n'est-elle pas basée sur ce principe
fondamental ? le prêtre n'en fait-il pas aussi la base

2

de ses sermons? n'est-il pas le pasteur de la communauté, et ne nous nomme-t-il pas tous les jours ses frères? Sont-ce des paroles sacrées ou des mots vides de sens? sommes-nous vraiment des frères ou des antropophages?? Ah! quelle anomalie! Comment! Dieu nous crée à son image et tous égaux pour vivre en commun, vu, que dans l'isolement nous vivrions comme la brute, et, par ambition, nous nous sacrifions les uns les autres par les moyens les plus barbares! Mais nous ressemblons plutôt à une bande de larrons et d'assassins, qu'à une société humaine. Et qui pourrait en effet aimer la communauté de nos jours, avec une société composée d'éléments pareils? Est-ce qu'une prostituée aime à changer son costume, fangeux et obscène, contre le voile de la vertu! Mais la candeur lui fait honte, elle aime bien mieux s'abreuver d'orgie et continuer son régime abject, plutôt que de se créer un lit de roses. Comment! notre existence n'est plus assise aujourd'hui que sur l'intrigue et la corruption! La conscience nette qui ne suit pas le torrent corrupteur, en est réduite à se donner la mort ou à aller terminer ses souffrances, après une longue carrière laborieuse, dans un dépôt de mendicité!! Ah! quelle perfidie! Comment! tout n'est plus que déception, rien ne se fait plus dans les règles voulues par la franchise; aucun produit n'est plus livré au consommateur dans son état na-

turel ! Tout est mélangé, falsifié ou altéré; outre
tous ces aliments détériorés, qu'on livre chaque
jour au consommateur, on le trompe sur le poids
et la mesure; ah! quel morcellement! Le mensonge
est à l'ordre du jour, et celui qui ne mentirait pas
dans son négoce et son trafic pour débiter sa mar-
chandise, croirait manquer à l'honneur ou commettre un sacrilège; ce n'est pourtant là, Lucien,
qu'un faible aperçu du tableau qui dévore la pauvre espèce humaine.

LUCIEN.

Je ne disconviens pas de tout ce que tu viens de
dire, mais comment nous gouvernerions-nous,
puisque, d'après ce que dit Victor, nous serions tous
égaux, alors, comment ferions-nous? tout le monde
voudrait commander et personne ne voudrait obéir,
et tout en déplorant tout ce que tu viens de dire, il
me semble qu'il faut que nous soyons soumis les
uns aux autres, car si chacun était libre de ses actions, ce serait une confusion à ne plus s'y reconnaître : on se pillerait, on se tuerait, enfin on se
mangerait les uns les autres; personne ne voudrait
plus travailler, ou bien les plus courageux travail-
leraient seulement pour eux, et les autres mour-
raient de faim.

PAUL.

Mais tu ne fais que retracer le tableau qui existe, puisque l'on se tue, on se pille et on meurt de faim, sauf toutefois que c'est l'inverse à l'égard de ces dernières victimes, puisque ce sont ceux qui travaillent qui succombent de besoin, car il n'y a pas un seul jour dans l'année, sans que ces scènes lugubres ne se reproduisent plusieurs fois.

LUCIEN.

Mais qui travaillerait et qui ne travaillerait pas? car si chacun mettait la main à l'œuvre, il n'y aurait pas de l'ouvrage pour tout le monde.

PAUL.

Si! il y aurait de l'occupation pour tout le monde, mais la tâche serait bien moins longue; on en excepterait d'abord tous les enfants des deux sexes qui n'auraient pas atteint l'âge de quinze ans révolus; ensuite, toutes les personnes agées de 60 ans accomplis, ne seraient plus soumises au travail; elles ne feraient plus que se dissiper selon leurs goûts et fantaisies, y compris les estropiés, les infirmes et les impotents; ainsi en ne soumettant plus, avant et après leur temps, l'enfant ni le vieillard au travail forcé, il y en aurait pour tous les hommes robustes, car entre nous, n'est-ce pas une injustice sans exemple, que de soumettre l'adolescent au travail, quand nous attendons que le cheval et le bœuf soient à maturité avant de les y soumettre ; l'enfant est donc moins aux yeux de l'humanité que l'animal? Comment! on soumet un être aussi faible d'organes à une occupation absorbante et continuelle, quand il ne rêve que jeux et distraction. Mais c'est la plus grande cruauté que la société puisse commettre à son égard, car en le privant des jeux de son âge, elle lui ravit son plus parfait bonheur; et comment veut-on qu'il remplisse sa tâche quand l'heure sera venue, si on l'épuise et l'extenue avant? Mais il ne peut que végéter misérablement le reste de ses jours. Je te dirai franchement que cela me fait pitié, quand je vois que l'on envoie les enfants de 10 à 12 ans à l'école pour étudier sérieusement, et sous prétexte que passé cet âge, il n'est plus temps de les instruire, vu qu'il faut les en retirer pour les mettre en apprentissage; on les retire de l'école trois ans avant qu'on ne devrait les y mettre; et que fait-on par ces beaux moyens, on ne fait ni des ouvriers habiles, ni des savants; on ébauche un tant soit peu les idées de l'enfant avec la science qu'il oublie bientôt pour apprendre un métier qu'il n'a ni la force, ni le gôut d'apprendre; et pourquoi? c'est que la raison n'est pas arrivée et qu'il ne pense et ne rêve que son cher trésor *(les jeux enfantins)*; et sous ce rapport les enfants de la fortune et du privilége ne sont pas mieux traités, car, eux aussi, on les tourmente sans cesse à cet âge, non pour en faire des ouvriers, mais pour en faire des Archimède, des Mathieu Laensberg, et des Franklin; cela ne doit pas étonner, puisque nous faisons l'inverse en toute chose, on peut bien voir des académiciens et des philosophes de douze à quinze ans, sauf après de les envoyer aux écoles, huit ou dix ans plus tard, si l'on veut qu'il apprennent un peu de science.

> Mais pourtant, selon moi, chaque chose a son temps,
> Tu ne vois pas, je crois, moissonner au printemps.
> Des jeux et du savoir quand on fait nn mélange,
> On fait, sans contredit, un amalgame étrange.
> Laissons distraire l'âme, et nourrissons le corps,
> Mais ne lui donnons pas des aliments trop forts.
> Car il ne faut jamais que la grave science
> Vienne troubler si tôt le cerveau de l'enfance.

LUCIEN.

Je ne suis pas à même de juger ce que tu dis; mais à quoi s'occuperait cette jeunesse en attendant qu'elle eût atteint l'âge de quinze ans ?

PAUL.

Mais à rien du tout. Elle ne s'occuperait que d'elle-même.

LUCIEN.

Comment d'elle-même? On la laisserait ainsi à l'abandon.

PAUL.

Du tout. Chaque sexe serait admis et élevé sépa-
rément dans de grands établissements formés pour
cet usage; les enfants y seraient admis depuis l'âge
de trois ans jusqu'à quinze, et ils n'auraient pour
toute occupation que les jeux de l'adolescence et
gymnastiques. Ces établissements auraient de
vastes cours, des jardins et du gazon pour le beau
temps, et de grands hangars ou de grandes salles
pour se mettre à l'abri des temps pluvieux, et de
grandes salles ou chauffoirs pour l'hiver; néan-
moins, chaque établissement renfermerait plusieurs métiers et des outils variés pour occuper et
distraire ceux qui, parmi eux, seraient plus stu-
dieux ou plus précoces, mais ils n'y seraient nullement contraints.

LUCIEN.

Mais ce serait, selon moi, faire des fainéants.

PAUL.

Tu es dans l'erreur; ce serait pour faire des
hommes forts, actifs et laborieux.

LUCIEN.

Mais qui le prouve?

PAUL.

Est-ce que la nature vigoureuse et fortement

constituée peut rester sans mouvement; mais il faut qu'elle s'agite constamment, et ce n'est que quand elle est épuisée qu'elle s'arrête; puis, outre la bonne santé et la forte constitution que les enfants acquerraient, il n'y en auraient plus d'estropiés, ni de contrefaits.

LUCIEN.

Mais qui les nourrirait et les entretiendrait jusqu'à cet âge?

PAUL.

Mais la communauté; ils y seraient nourris, couchés et entretenus; ils auraient les mêmes costumes et habillements en toutes choses, et cela pour ne pas faire naître la jalousie, source et point de départ de toutes les calamités qui nous assiégent; ils auraient tous, et indistinctement, une nourriture saine et abondante, et les aliments selon les saisons; les dortoirs seraient semblables à ceux des colléges et pensions qui existent; ils seraient en plus surveillés nuit et jour par des gardiens choisis et connus pour la rigidité des mœurs et de la morale; les communs de ces établissements seraient sans portes ni fermetures, et toujours en vue des gardiens, afin que les enfants ne pussent plus secrètement se transmettre le vice de la masturbation, vice qui est la principale cause de la décrépitude de notre espèce, car tu sais que ce vice n'est que traditionnel et non originel.

Quant à cela, je t'approuve beaucoup; mais pour l'éducation?

Aussitôt et à mesure que les jeunes gens attein- draient l'âge de quinze ans, ils sortiraient de ces établissements pour rentrer dans d'autres sem- blables, sous le rapport des délassements et de la nourriture; mais, dans ces derniers, on leur don- nerait pour commencer deux heures de travail par jour, et deux heures d'instruction, et en deux séances, une heure d'instruction le matin et une heure de travail, et la même répétition l'après- midi, voilà pour la première année; la seconde, quatre heures de travail et autant d'instruction; et la troisième, six heures de l'une et de l'autre et ja- mais plus; quand ils seraient assez instruits en tra- vail comme en science, ils seraient considérés comme citoyens libres de toutes leurs actions, at- tendu qu'ils seraient aptes à en remplir toutes les fonctions; ils pourraient également former union par les liens du mariage.

Il me semble, moi, quant aux hommes, qu'ils

seraient trop jeunes pour s'unir par les liens du mariage.

PAUL.

Comment trop jeunes? Mais ils auraient le moins de 19 à 20 ans, et comme il n'y aurait plus ni prostitution, ni prostituées, les hommes formeraient plutôt union légitime que maintenant, attendu qu'ils seraient bien plus mûrs et plus rassis à cet âge qu'ils ne le sont sous ce régime de ténèbres; et puis l'odieux régime du célibat, qui sème aussi la corruption partout, disparaîtrait à tout jamais. On ne dira pas qu'un homme sain, robuste et vertueux serait trop jeune à 20 ans pour se marier, quand il est assez âgé à 18, pour se jeter dans la débauche et se détruire complètement par les maladies honteuses et le vice que je viens de te signaler.

LUCIEN.

Mais, si les hommes s'unissaient si jeunes, l'espèce humaine se multiplierait trop, et il viendrait un temps où la terre ne produirait plus assez pour les nourrir.

PAUL.

Tu es dans une erreur complète à cet égard, car chacun sait, avec l'expérience sous les yeux, que ce n'est pas l'aisance ni le bonheur matériel qui engendrent les plus fortes familles, mais bien la misère et la pauvreté, car tu comprends facilement qu'une union faite sous les auspices de l'amitié réelle des deux partis, et qui n'ont pour tous soins, après être unis, que chacun leur bien courte tâche à remplir, et de se livrer après à l'amour le plus tendre puisqu'ils possèdent le bonheur en toutes choses, l'épouse, dans cette condition heureuse, concevra bien moins vîte et moins souvent que cette autre qui se sera unie sous les auspices de la misère, puisque même avant le mariage elle redoute de devenir mère, et il ne peut en être autrement, puisque cette pauvre femme se soumet à la loi de la cohabitation qu'en tremblant, et cela c'est par l'aspect et le surcroît de misère qui viendra redoubler sa souffrance avant et après l'enfantement; c'est donc la perspective de cette situation qui agit sur tout son être et qui la fait concevoir aussitôt. Je ne sais pas si la médecine a étudié cette question, mais quand elle ne l'aurait pas fait, mille exemples contre un le démontrent journellement; ainsi, on ne doit pas redouter d'améliorer le sort de notre espèce dans la crainte de l'accroître.

LUCIEN.

Alors, dans ce cas, elle décroîtrait, puisque le bonheur universel rendant la femme moins féconde, elle ne procréerait plus assez pour maintenir notre espèce au niveau où elle doit être.

PAUL.

Oublies-tu que les deux tiers des enfants sont par notre morcellement moissonnés en bas âge?

LUCIEN.

Dans les villes, je le crois, mais dans les campagnes, je ne le pense pas.

PAUL.

Eh bien! prenons la moitié pour règle générale : donc, en réduisant par le bonheur la croissance de notre espèce aux trois quarts de ce qu'elle est main-tenant, et par le système hygiénique et conserva-teur que l'on appliquerait aux enfants, la morta-lité se réduirait de moitié, or la croissance réduite d'un quart et la mortalité de moitié, notre espèce resterait toujours stationnaire.

LUCIEN.

Je ne suis pas assez instruit pour te refuter à cet égard, mais dis-moi si le système communautaire maintiendrait les arts et les artistes?

PAUL.

Mais bien mieux et plus que de nos jours, car tu n'ignores pas que, sous ce règne de privilége où tout est protection et faveur, on voit rarement le talent et le vrai mérite briller dans tout leur éclat, car on les met tranquillement à l'écart, pour faire briller des talents obscurs à leur place.

LUCIEN.

La communauté maintiendrait donc tout ce qui existe ?

PAUL.

Tout ce qui existe d'utile et d'agréable ; elle ne réformerait que les abus.

LUCIEN.

Mais quels sont ces abus ?

PAUL.

La justice d'abord n'est qu'un abus, et surtout un bien cruel ; elle punit le coupable il est vrai, mais dorénavant la communauté mettant l'homme dans l'impossibilité de se perdre et de se rendre criminel, il n'y aurait plus besoin de juges ni de toute la hiérarchie bureaucratique y attenante.

LUCIEN.

Mais par les mêmes faits, les notaires, les avoués, les juges de paix, les gardes champêtres et forestiers deviendraient également inutiles, puisque la terre appartenant à chacun ou à la communauté, il n'y aurait plus ni vente, ni partage à faire.

PAUL.

Mais sans doute.

LUCIEN.

On supprimerait aussi les arpenteurs, les collec-
teurs, les contrôleurs, les inspecteurs, les douanes,
les enregistrements, les caisses d'épargne et les
monts-de-piété.

PAUL.

Mais c'est inconstestable.

LUCIEN.

Mais, Paul, que de monde se trouverait sans travail, et comment vivrait tout ce monde?

PAUL.

Oh! quelle sotte question tu me fais là. Mais toute
cette masse d'employés qui passent des 7 à 8 heures
par jour, entre quatre murs, assis sur leurs bancs
et sièges, à bâiller et dormir, et de plus attraper la
goutte ou un coup de sang par cette immobilité
complète, préféreraient cent fois mieux une autre
occupation que celle-là, et ne pense pas qu'ils se
trouvent heureux, car figure-toi que le plus grand
bonheur de l'homme, et dans toutes les conditions,
ne consiste que dans l'occupation qui lui plaît; il
n'y a pas de délices au delà, car tout ce que l'on
fait par force ou contrainte n'est réellement qu'un
vrai supplice; ainsi le système communautaire en
supprimant au moins trente professions et métiers
inutiles, qui pèsent arbitrairement les uns sur

les autres, et qui tous mutuellement se détestent, tourneraient forcément leur regards vers l'agriculture, qui est la solution générale du bonheur éternel de la société.

LUCIEN.

Mais comment s'y occuperaient-ils, n'en ayant pas l'habitude et n'y connaissant rien ?

PAUL.

Est-ce que tout ne devient pas pratique? les uns s'amuseraient à greffer les arbres, les autres arracheraient la vieille écorce, puis d'autres chasseraient, pêcheraient, planteraient, bêcheraient, arroseraient, cueilleraient les fruits et chercheraient les moyens de les conserver d'une année à l'autre; enfin chacun selon son goût se distrairait à sa manière et à sa fantaisie, ensuite les savants s'occuperaient de mathématiques, de chimie, d'astronomie, enfin de toutes les sciences abstraites et autres; les artistes, dans tous les genres, s'occuperaient, chacun de son coté, de perfectionner son œuvre et de la pousser à bout, et aucun ne serait limité par le temps; puis les musiciens commenceraient leur tâche quand les travailleurs finiraient la leur, car tous les soirs ils se délasseraient au son d'un concert bien perfectionné et harmonieux, et par ce moyen-là, il y aurait de la joie pour tout le monde, et plus de larmes, ni de tristesse pour personne; ainsi tu le vois, Lucien, on s'occuperait de mille distractions diverses, et qui, toutes, devenant agréables à chacun, deviendraient, par ce fait, encore plus utiles; vu que nul intérêt mercantile ne viendrait plus troubler l'harmonie, ni mettre aucune entrave au bonheur de la société.

LUCIEN.

Mais est-ce que tu as vu le paradis en songe pour me tracer un si joli tableau ? Mais c'est un rêve pour moi, car je ne crois pas que nous soyons dignes de tant de bonheur.

PAUL.

C'est aussi facile de résoudre ce problème, comme de boire un verre d'eau. Et pour te faire mieux saisir ce que je te dis, tu sais bien que ces millions de bras, qui manient la plume et gachent du papier, ne s'en nourrissent pas, ils mangent les beaux et bons produits du sol; ainsi tu n'es pas assez simple pour croire qu'ils vivent de leur travail ; et quand même ils ne feraient jamais œuvre de leurs bras, la communauté y gagnerait toujours beaucoup, sous le rapport de cette autre masse de plaideurs, de témoins et de curieux, qui, en tout temps, perd un temps précieux, pour entendre brâiller les avocats des diverses parties, qui tâchent de brouiller les causes, afin de mieux pêcher en eau trouble et les rançonner à plaisir; donc toute cette masse discordante n'ayant plus de plaids à faire, ainsi que l'auditoire à ne plus la contempler, resteraient paisiblement aux travaux de l'agriculture, et, au lieu de se faire du mauvais sang, et de se maudire réciproquement, elle se créerait une forte somme de bonheur au lieu de perdre son temps.

LUCIEN.

Tout ce que tu dis est admirable ; mais dis-moi comment la Communauté s'y prendrait pour faire travailler les paresseux, les ivrognes, les débauchés, enfin tous les immoraux ? Comment s'y prendrait-elle pour réformer en un mot tous les vices ?

PAUL.

D'abord, la paresse n'est point innée chez l'homme ; elle n'est engendrée que par la souffrance et la misère qu'il éprouve, car on voit bien rarement le bonheur réel engendrer la paresse. Et pourquoi ? c'est que le bonheur se donne le nécessaire en aliments ; ou, pour mieux dire, il mange quand il a faim, et se repose souvent avant d'être fatigué ; souvent aussi il ne travaille que quand il est las de ne rien faire. C'est pourquoi l'homme qui se trouve dans cette position n'est jamais paresseux à l'ouvrage, et s'il y a des paresseux sous le régime actuel, il n'y en aurait plus sous celui de la communauté, parce que chacun posséderait le bonheur matériel, car, comme je viens de te le

3

dire, la paresse n'est qu'un affaissement des facultés physiques : c'est le découragement de celui qui, comme on dit, jette le manche après la cognée. Puis, tu conviendras comme moi que celui qui prépare un bon repas, certain d'avance, quoiqué ayant bien faim, qu'il n'y participera pas, ne peut avoir aucune ardeur à l'ouvrage; au lieu de cela, s'il était certain d'en avoir sa part, il y mettrait autant de goût que d'activité ; et dans le sens général du mot, est-ce que l'excès dans tout n'engendre pas la paresse? Par exemple, quand tu ne peux plus manger, tu es paresseux puisque tu renonces à l'ouvrage. Pourquoi y renonces-tu ? parce que tu en as de trop, ou plutôt que ton estomac est trop plein. Il est donc fatigué, paresseux, ton estomac, parce qu'il ne peut plus travailler, et cette généralité embrasse toutes choses. On se fatigue de tout : par conséquent tout devient accablement et paresse. On est paresseux de ne point rester au lit, quand on y est trop longtemps; on est même fatigué ou paresseux de la plus charmante représentation, quand elle dure aussi trop longtemps. Donc, le trop en toutes choses devient bien plus que nuisible, car il devient insupportable. Que l'on fasse travailler le cheval le plus ardent seulement trois jours sans relâche, et qu'on ne lui donne que moitié nourriture, on n'aura plus après qu'une rosse qui ne pourra plus lever les pieds. Je crois que la comparaison du cheval s'applique dans ce cas entièrement à l'homme. Et, pour bien te démontrer la réalité de ce que je dis, je voudrais rencontrer le plus paresseux des hommes, et je t'assure que je le guérirais du péché de paresse en moins de quatre jours.

LUCIEN.

Et comment ferais-tu ?

PAUL.

Je ferais d'abord à ce paresseux deux propositions : l'une de bien vivre en travaillant ; l'autre, de mieux vivre encore, sans travail. Laquelle des deux penses-tu qu'il accepterait ?

LUCIEN.

La dernière, sans aucun doute.

PAUL.

Oui; mais il reviendrait bientôt à la première. D'abord, je le ferais servir selon ses goûts, tant en boissons qu'en nourriture jusqu'à satiété, et dans un logement qu'il se choisirait à sa fantaisie, et où il n'aurait ni soins, ni soucis, et je lui accorderais quatre jours d'essai, afin de voir s'il pourrait s'habituer à ce sublime régime; et je suis plus que certain qu'avant la fin du quatrième jour, il me dirait : Je ne veux plus de cette vie gastronomique, j'en ai déjà assez. De tout ce que vous m'offrez et faites servir pour flatter mes goûts et exciter mon appétit, je ne peux plus rien sentir, car j'en ai jusque par-dessus la tête. — Eh ! quoi, lui dirais-je, vous renoncez déjà aux délices de la vie ! Outre que je vous fais servir tout ce qu'il y a de plus succulent, et à votre choix, vous n'avez ni soins, ni tourments, et personne ne trouble en rien votre repos. — Comment ! répondrait-il, je n'ai ni soins, ni tourments ? Et l'ennui donc ! vous le comptez pour rien. Mais c'est le plus cruel ennemi de l'homme, car il le consume à petit feu. Vous me faites servir à souhait, j'en conviens; mais peut-on trouver rien de bon quand on n'a plus faim, et peut-on aussi goûter le repos quand on n'a plus sommeil ? Je ne puis plus, en un mot, me tenir à la table ni au lit ; les jours me semblent déjà des années et les nuits des siècles, et vous voudriez que je vécusse et passasse ma vie ainsi dans l'anéantissement ! Mais une taupe n'est point à comparer à moi, car elle se donne du mouvement, et moi je ne puis m'en donner aucun. Non ! non ! je n'en veux plus de ce régime de délices, et j'y renonce à tout jamais; je préfère mille fois mieux vivre en travaillant, parce que l'occupation distrait et est supérieure à toutes choses. Outre qu'elle désennuie l'homme, elle fortifie ses membres, conserve sa santé, et lui fait trouver tous les aliments excellents; et, si elle fatigue un peu le corps dans le jour au travail, il trouve en compensation le repos délicieux. Voilà pourtant ce que me répondrait, avant la fin du quatrième jour, l'homme que la société croirait le plus paresseux.

LUCIEN.

Je ne puis te contester cela. Il est bien possible que tu aies raison.

PAUL.

Comment ! si j'ai raison ? Est-ce que l'homme peut vivre en momie ? Mais s'il y était contraint, ce serait le supplice le plus insupportable qu'on pût jamais lui faire subir. Examine l'enfant au berceau, ne cherche-t-il pas à se mouvoir bien avant que ses forces le lui permettent ? Et il n'a pas plutôt quitté le maillot, que tout son être n'est plus qu'un mouvement perpétuel. Essaie donc de faire observer une heure de repos à ton petit Charles, qui n'a pas, dis-tu, quatre ans; mais si tu voulais le contraindre à cela, il faudrait, je crois, que tu lui liasses bras et jambes, et tu n'y parviendrais pas encore.

LUCIEN.

Quant aux enfants, j'en conviens. Mais certains hommes s'habituent aisément à la paresse, quand ils ne sont pas stimulés à l'ouvrage par devoir, ou par un intérêt quelconque.

PAUL.

Tu te trompes entièrement. Tel est l'enfant, tel est l'homme.

LUCIEN.

Mais pourtant, Pierre Jérôme, que tu connais aussi, n'est malheureux que parce qu'il est paresseux.

PAUL.

Que tu as peu de jugement, pour ne pas avoir compris ce que je viens de te dire, concernant la paresse ! Mais Pierre Jérôme est justement dans la position que je viens de te dépeindre ! Et comment voudrais-tu qu'il eût du courage, lorsqu'il n'a part à rien, et quand il n'a pour vivre qu'une longue souffrance ? Est-ce qu'il peut avec les trente sous qu'il gagne par jour, nourrir et entretenir cinq personnes, sa femme, ses trois enfants et lui ? Mais ce malheureux père, ainsi que sa famille, expient dans la misère, l'ingratitude et la perversité de notre ordre social, et, en communauté, ils seraient heureux, parce qu'ils ne manqueraient de rien. Tu sais pourtant que Pierre Jérôme fut, comme tant d'autres, un vieux de la vieille, car, depuis les Pyramides jusqu'à Waterloo, il combattit sous les drapeaux de l'égalité, et pour défendre quoi ? la liberté commune. En a-t-il fait moins que ceux de ses frères d'armes qui sont morts à côté de lui, et à qui on a élevé des monuments de plusieurs centaines de mille francs. Comment ! on sait dépenser des sommes immenses en l'honneur de ceux qui n'ont plus besoin de rien, et on laisse dépérir et languir leurs compagnons d'armes qui ont survécu au carnage. Faut-il donc que parce qu'un hasard miraculeux n'a point permis que Jérôme laissât sa tête, ni aucun de ses membres, sur un des nombreux champs de bataille où il a combattu, il ne soit digne d'aucune commisération ! Ah ! quelle planche de salut pour celui qui a le bonheur de servir sa patrie pour la rendre glorieuse et florissante ! S'il a le malheur de ne point tomber dans l'arène, et que les fatigues de la guerre le mettent dans l'impossibilité de continuer son service, on le congédie comme un petit Saint-Jean. Il s'en revient après, tout haletant et cassé, non dans ses foyers puisqu'il n'en a pas, mais auprès du clocher qui le vit naître, pour y traîner une vie languissante et honteuse. Bien mieux valût, ma foi ! que ce pauvre Jérôme eût laissé son corps devant Saint-Jean-d'Acre, ou parmi ses frères pestiférés à Jaffa, il n'eût au moins éprouvé qu'une bien courte souffrance, et n'eût point donné le jour à trois petites créatures auxquelles ses mains débiles ne peuvent plus procurer le nécessaire.

LUCIEN.

C'est en effet une chose honteuse et abominable

pour notre civilisation. Mais, comment faire? il y
en a tant comme lui.

PAUL.

Comment! qu'y faire? Mais c'est pour réformer
ces scandaleux abus et tant d'autres semblables qu'il
faut nécessairement instituer le régime communautaire. Est-ce que par hasard, dans ce beau siècle
de chacun pour soi, selon la devise de certains lé-
gistes, l'homme doit travailler pour rien? Comment!
Pierre Jérôme, qui n'est qu'un exemple pris sur
cent mille, s'est usé le corps et l'âme pendant l'espace de dix-sept années consécutives, dans toute
la force de l'âge, et en affrontant aussi mille fois la
mort; et sur le déclin de sa vie, on le traite de
paresseux! Mais pourtant, s'il eût travaillé à son
profit, durant cet espace de temps, crois-tu qu'il
n'eût point pourvu à son avenir avec bien moins de
fatigues et de dangers; ou si l'ingrate patrie, qui
contemple sa misère d'un œil sec, lui eût tenu
compte de ses dix-sept années de travaux périlleux,
et seulement à raison d'un franc par jour, il aurait
joui depuis long-temps d'une somme de plus de 6000 f.
et qui aurait servi de prime-abord à le garantir pour
toujours de la misère, car il l'aurait fait fructifier,
ou elle lui eût procuré un travail lucratif; il n'eût
point croupi dans ce misérable état d'homme de
peine, et il ne languirait pas aujourd'hui aussi misérablement.

LUCIEN.

Sans doute que ce serait admirable si la patrie agissait ainsi; mais il lui en faudrait, de l'argent, s'il fallait qu'elle récompensât de la sorte ceux qui la servent !

PAUL.

Mais il ne s'agit pas de richesses; il s'agit que la patrie doit nourrir tous ses enfants.

LUCIEN.

Mais comment faire pour parvenir à changer un ordre de choses qui dure, et dans toutes les parties du monde, depuis des siècles ?

PAUL.

Alors, si tu doutes du progrès, ainsi que de la perfectibilité humaine, il faut nous arrêter là. Mais je te demanderai seulement où tu prétends qu'un tel régime puisse nous conduire ?

LUCIEN.

Que veux-tu que je te dise là dessus, moi? je n'en sais rien.

PAUL.

Eh bien! aux plus grands maux, à une perte iné-vitable. Car il n'est plus de sécurité ni de lende-main pour personne. L'exploiteur détruit l'exploité en langueur, et l'exploité détruit à son tour l'exploiteur par les moyens les plus violents. Voilà ce qui constitue aujourd'hui l'ordre social. Il n'est plus partout que des exploiteurs et des exploités : ce sont les deux seules bannières sous lesquelles les crimes se multiplient dans tous les rangs. Le millionnaire attardé reçoit la mort en voulant regagner son hôtel, ou ses valets le poignardent au milieu de son sommeil ; le fils égorge son père ; le père immole son fils ; la mère détruit son enfant ; le mari assassine son épouse ; et l'épouse empoisonne son mari. Ensuite, l'un se jette à l'eau par désespoir ; l'autre s'asphyxie par misère ; un autre se tue par jalousie; un autre se brûle la cervelle par suite de mauvaise réussite dans son négoce ; enfin tous les moyens destructeurs sont mis constamment en œuvre pour satisfaire notre dévorante ambition; et sans te retracer tous les hideux scandales, et les millions de malheureux qui, faute d'avoir la part d'aliments qui leur revient par le droit de la nature, se livrent à tous les désordres de la vie abjecte, périssent dans les maisons de refuge, ou se rendent criminels par l'impérieuse nécessité de vivre. Et pour toute conclusion d'un tel tableau , nos lois protectrices et humaines les envoyent, au printemps de l'âge, périr dans les bagnes ou sur l'échafaud ! Ne sont-ce pas là les bienfaits de l'heureux régime sous lequel nous avons le bonheur de vivre et que chacun vante? Et que penses-tu donc que deviennent un jour les générations qui nous poussent, si elles recueillent les fruits de la graine que nous leur semons? Les mœurs et la morale ne sont plus de saison ; on trafique en tout et sur tout. La mère envoye ou conduit elle-même sa fille à la prostitution ; le père enseigne à son fils l'art de tromper avec une certaine perfection, et sous ce charmant tableau, tous les pauvres, mineurs et proscrits, n'ont pour toute ressource que la perspective d'une fin prématurée. Est-il un seul jour de la vie, même à Paris, sans que l'une de ces scènes ne vienne affliger les cœurs vraiment humains ? L'homme, dans l'origine, n'avait pour ennemi que les bêtes féroces, et aujourd'hui il en est reduit à s'armer de pied en cap pour se préserver de la fureur de son frère! Ah! oui, adore cet admirable système sous lequel nous avons le bonheur de trembler à chaque instant pour notre vie, car si nous ne sommes pas claquemurés dès le soleil couchant, nous ne sommes plus certains de revoir notre gîte, et si nous sommes chez nous, nous ne pouvons en sortir pour nous promener ou vaquer à quelques affaires, sans craindre le coup de poignard d'une main fratricide ! ! !

LUCIEN.

Mais, pour le coup, Paul, je suis comme anéanti, et ne sais quoi te répondre, car le tableau que tu viens de retracer est si réel, si véridique, qu'il me convertit entièrement ; il faudrait que le régime communautaire fut dix mille fois exécrable, pour surpasser celui-ci, et cela n'est que trop vrai; car, avant-hier, rue Grange-aux-Belles, à huit heures du soir, je faillis être victime de deux misérables, et je ne dus mon salut qu'à la vitesse de mes jambes, et tu as pleinement raison quand tu dis qu'il faudrait s'armer pour aller vaquer à ses affaires, et qu'on fait bien de se barricader pour dormir.

PAUL.

Oui; en ayant soin toutefois de placer des pistolets chargés au chevet de son lit.

LUCIEN.

Et dire qu'autrefois, nos bons aïeux dormaient si paisiblement les portes ouvertes !

PAUL.

Mais, ils n'avaient pas le bonheur de vivre dans le siècle de progrès et de lumières, et ne se targuaient pas de philantropie comme le font leurs descendants. Tu conviens donc maintenant que l'organisation actuelle est on ne peut plus détestable.

LUCIEN.

Oui, j'en conviens, car il faudrait être archi-sot pour ne pas en convenir; mais aussi comment convaincre et préparer le peuple à une émancipation pareille? Et surtout celui qui, n'étant nullement ins-

truit, gémit toujours sous le joug de la servitude,
on languit dans l'abrutissement? Comment le tirer
de son apathie pour lui inaugurer son bonheur et
son affranchissement? C'est bien là, selon moi la plus
grande difficulté. Et puis, d'un autre côté, tu sais
qu'il a été trompé tant de fois, surtout par des apô-
tres sortis de ses rangs, qui, tout en lui promettant
monts et merveilles, lui rendirent la palme de la
liberté beaucoup plus lourde que la chaîne de l'es-
clavage, car réellement il ne peut plus avoir confiance à aucun apôtre nouveau, après que tant de
philantropes de pacotille l'ont joué en escamotant
ses droits. Voilà ce que disait hier le père Urbain
à Victor.

PAUL.

Mais il ne s'agit plus de paroles trompeuses; il ne
s'agit plus de prêcher le bien, mais de le faire; car
le peuple a toujours entendu de belles paroles, mais
il n'a jamais vu les actions; c'est pourquoi il ne peut
plus avoir confiance à rien; il regarde, je le sais,
la communauté comme un fantôme insaisissable ou
une duperie de plus. Mais, s'il reste spectateur
impassible à l'égard d'un système qu'il ne peut ap-
précier et ne comprend pas encore, tu dois savoir
qu'il ne met jamais obstacle aux changements qui
viennent le surprendre, car si les premiers nova-
teurs l'eussent consulté ou eussent attendu son as-

sentiment, 89 serait encore dans l'oubli; mais, depuis cette mémorable époque, n'a-t-il pas subi et successivement dix régimes différents sans jamais avoir cherché à s'opposer à aucun d'eux? Le peuple n'est donc en pareil cas que comme un puissant moteur qui n'agit que quand on lui donne l'impulsion, mais qui se soumet toujours, et accepte avec enthousiasme tous les faits accomplis.

LUCIEN.

Tu as raison, quant à la masse; mais il y a un autre puissant moteur qui n'a pas besoin d'impulsion pour s'y opposer; il sait bien tout paralyser et tout énerver. Ainsi, va parler de la communauté aux propriétaires, aux exploiteurs, à tous les riches, enfin, ils te riront au nez, ou te traiteront de fou, d'utopiste, et s'ils voyent que c'est bien sérieusement que tu leur tiens ce langage, ils te traiteront d'anarchiste, de révolutionnaire, et te dénonceront comme voulant bouleverser une société qu'ils trouvent heureuse et paisible, puis un mandat d'arrêt viendra bientôt te mettre à l'ombre et t'apprendre que les idées généreuses ne sont pas de saison et qu'elles sont plus que dangereuses à répandre, car si un brandon de ce feu sacré venait à éclater quelque part, il pourrait embrâser tout l'univers. Voilà le discours que te tiendra l'adversaire de la communauté lorsque tu seras sous les verroux. Car tu sais bien qu'en tout temps les armes de la perfidie ont vaincu celles de la raison : on récompense toujours le mensonge et la délation, et on punit la vérité.

PAUL.

Mais tu ne me parles là que des castes exploitatrices, de celles qui ne vivent positivement qu'aux dépens de la communauté, et pour sortir de ce labyrinthe, je ne veux m'adresser qu'à l'élément qui fait tout mouvoir (le travail); je veux démontrer aux détenteurs de la propriété qu'ils ont bien plus à gagner qu'à perdre sous le régime communautaire, et ils ne chercheront peut-être plus à s'y opposer; avec tout ce qu'ils possèdent, ils ne jouissent pas même d'une ombre de bonheur matériel, car la richesse n'est qu'une échelle descendante et ascendante, qu'une bascule perpétuelle qui tous les jours change de maître; le négoce n'est non plus qu'une sanglante arène qui chaque jour aussi laisse une masse de combattans sur le carreau. Se passe-t-il jamais une période de dix années sans que les trois quarts de toutes ces richesses ne se morfondent et ne se déplacent? Et quel serait donc cet insensé qui ne voudrait pas sacrifier une période de vanité mondaine au bonheur de sa vie éternelle? Mais ce ne pourrait être qu'un être inhumain, insensible et sans principes religieux, car celui qui, loin de gémir au milieu des calamités humaines, y goûte le bonheur, n'est réellement qu'un être indigne de la création. Ce n'est qu'un cœur de roc, ulcéré, s'il n'éprouve point une impression douloureuse en voyant les plaies saignantes de ses frères sans chercher à les cicatriser ; et puis cet être ingrat est même plus malheureux encore que ceux qu'il fait souffrir, car, tout occupé qu'il est à la conservation de sa personne, il est dans une continuelle inquiétude; il ne peut faire un pas sans craindre pour ses jours. Et pourquoi craint-il, c'est qu'il sait bien qu'il est injuste; s'il n'avait rien à se reprocher, si sa conscience était pure, il ne craindrait rien. Il ne goûte pas même un instant le repos du sage, car de sinistres pensées viennent sans cesse l'assaillir et interrompre son sommeil. Ses illusions lui représentent des malfaiteurs escaladant les croisées de sa demeure ou crochetant les serrures de ses portes; il se lève en sursaut, réveille tout son monde et tous ses domestiques, qui, eux aussi, par les injustices qu'il commet souvent à leur égard, lui paraissent plutôt de sourds ennemis que des serviteurs zélés. Mais il ne peut en être autrement, parce que Dieu ne le veut pas. Dieu veut que l'homme ne goûte le bonheur qu'en répandant le bien, et il fait ainsi porter la croix à celui qui ne cause que misère et désolation. Ne vaudrait-il pas mieux que cet être qui ne vit que

www.ingramcontent.com/pod-product-compliance
Lightning Source LLC
LaVergne TN
LVHW052149080426
835511LV00009B/1752